쉴수록 좋아지는 나의 뇌 2-1

미로를 탈출하라

디지털 세상으로부터 뇌를 탈출시켜드립니다

도서출판 이룸

쉴수록 좋아지는 나의 뇌 2-1
미로를 탈출하라
디지털 세상으로부터 뇌를 탈출시켜드립니다

초판 1쇄 인쇄 ㅣ 2019년 10월 1일
초판 1쇄 발행 ㅣ 2019년 10월 1일

지은이 ㅣ 도서출판 풀잎
펴낸이 ㅣ 안대현
디자인 ㅣ 부성
펴낸곳 ㅣ 도서출판 풀잎
등 록 ㅣ 제2-4858호
주 소 ㅣ 서울시 중구 필동로 8길 61-16
전 화 ㅣ 02-2274-5445/6
팩 스 ㅣ 02-2268-3773

가격 : 11,000원
ISBN 979-11-85186-78-8-13690

• 이 도서의 국립중앙도서관 출판예정도서목록(CIP)은 서지정보유통지원시스템 홈페이지
  (http://seoji.nl.go.kr)와 국가자료공동목록시스템(http://www.nl.go.kr/kolisnet)에서
  이용하실 수 있습니다. (CIP제어번호 : CIP2019037126)

쉴수록 좋아지는 나의 뇌 2-1

미로를 탈출하라

디지털 세상으로부터 뇌를 탈출시켜드립니다

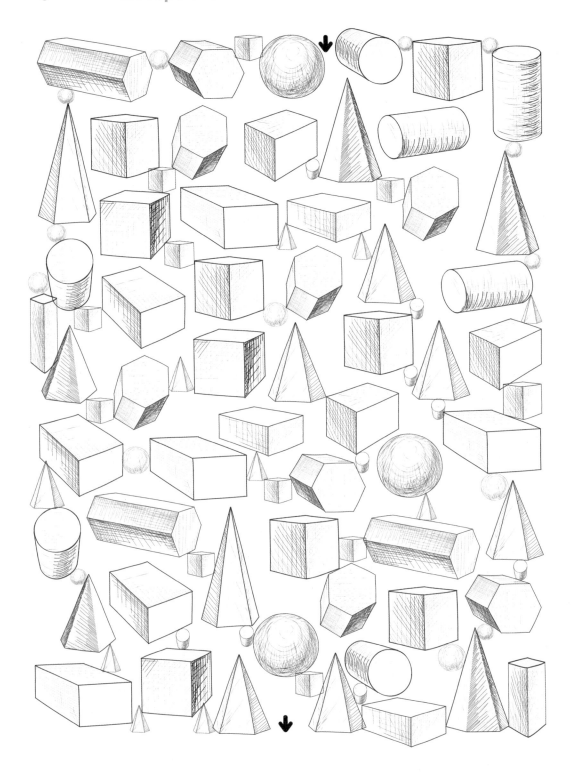

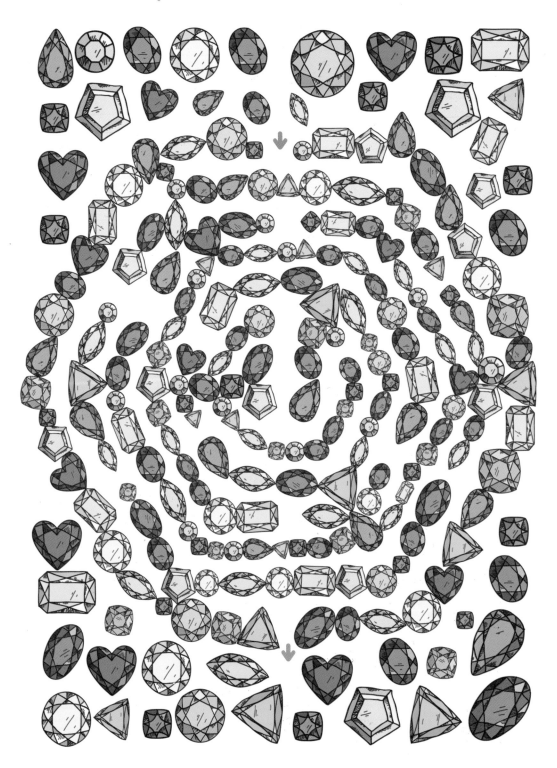

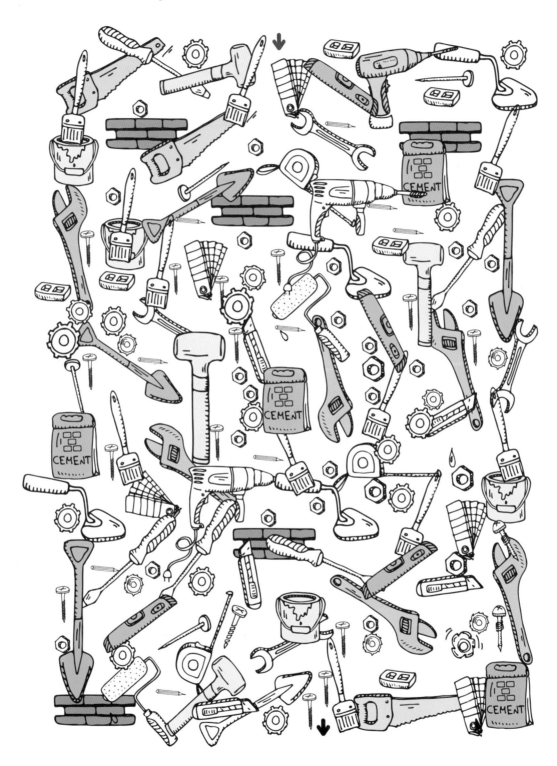

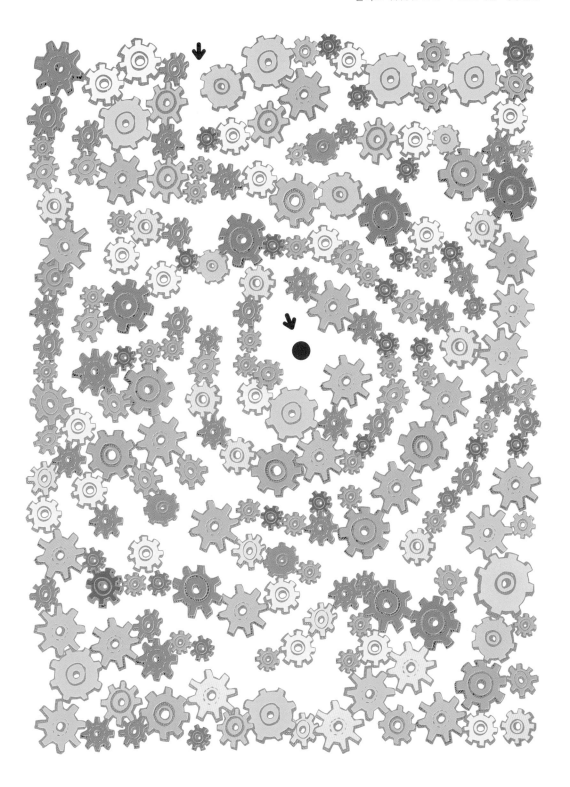

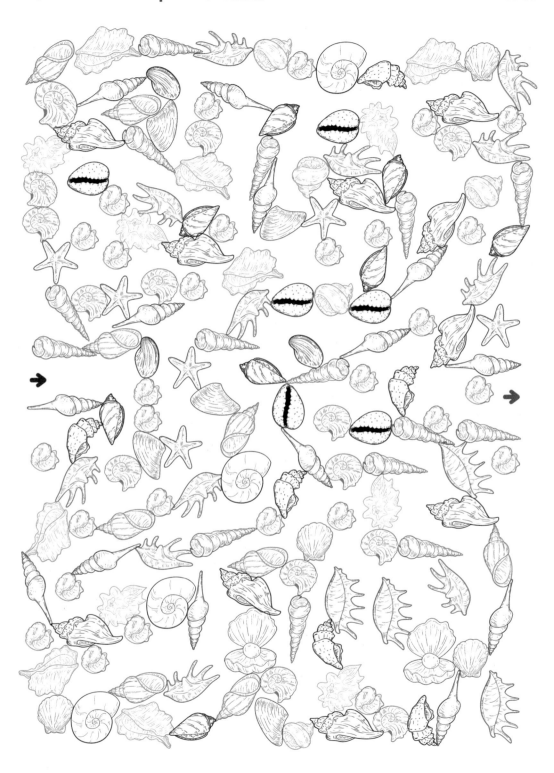

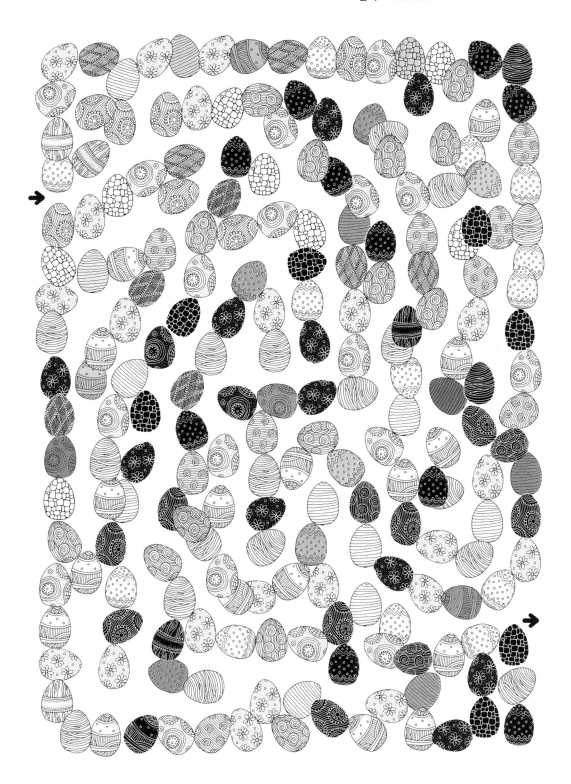

Escape the maze

난이도 ★★★★★ | 소요시간 : 00:50

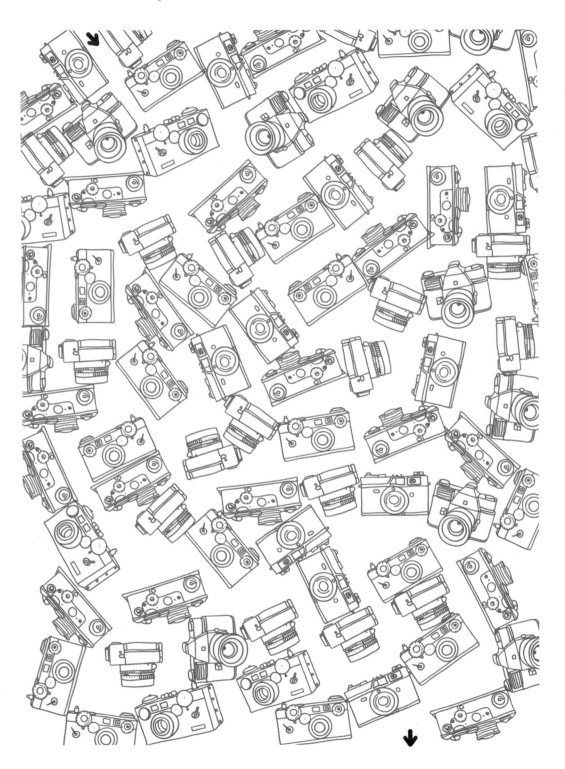

난이도 ★★ ☆ ☆ ☆ | 소요시간 : 01:00

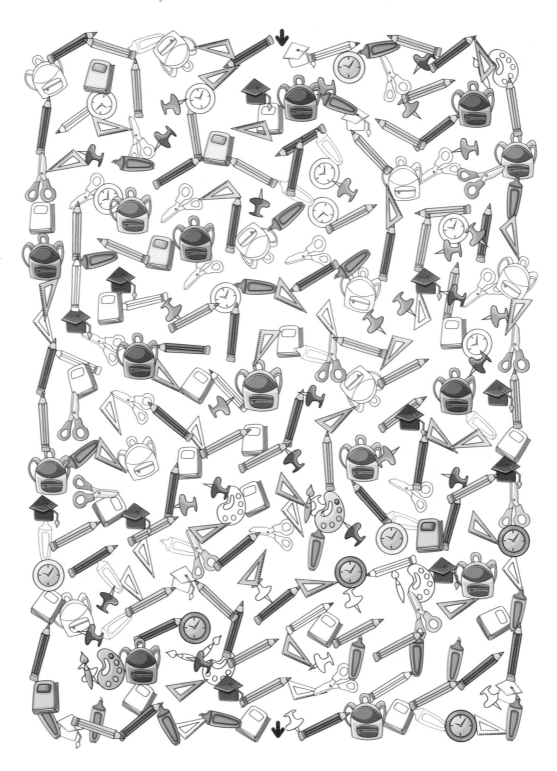

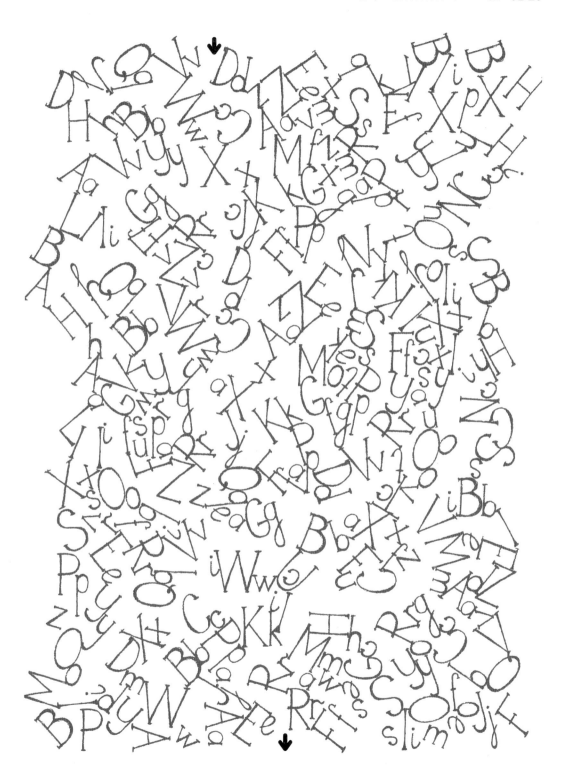

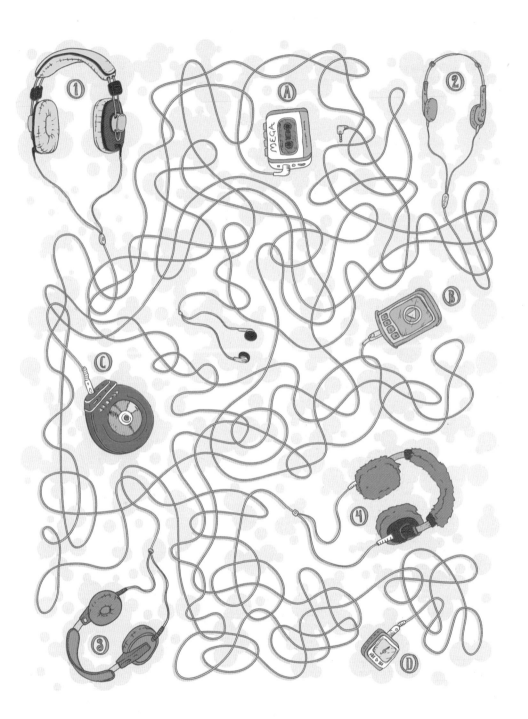

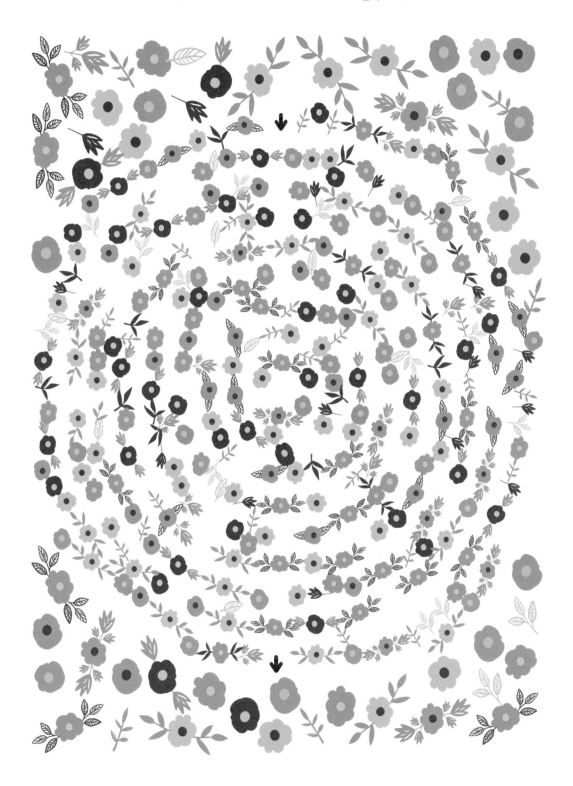

난이도 ★★★★★ | 소요시간 : 01:30

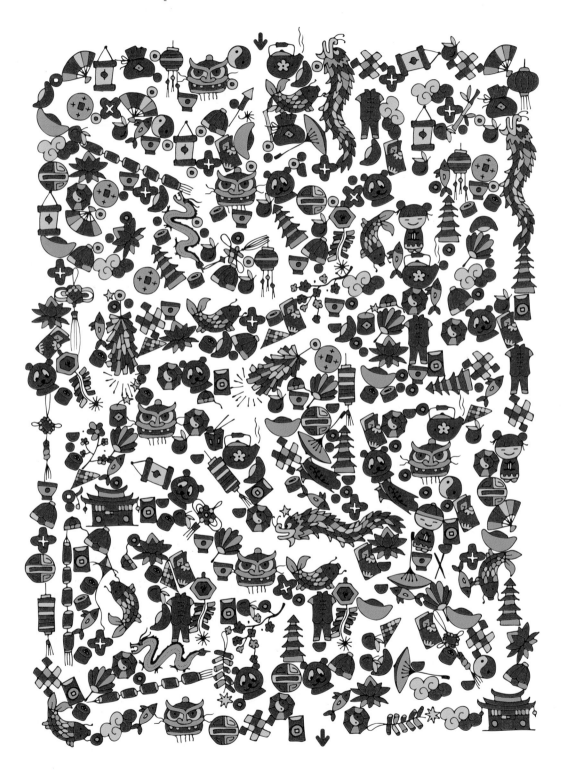

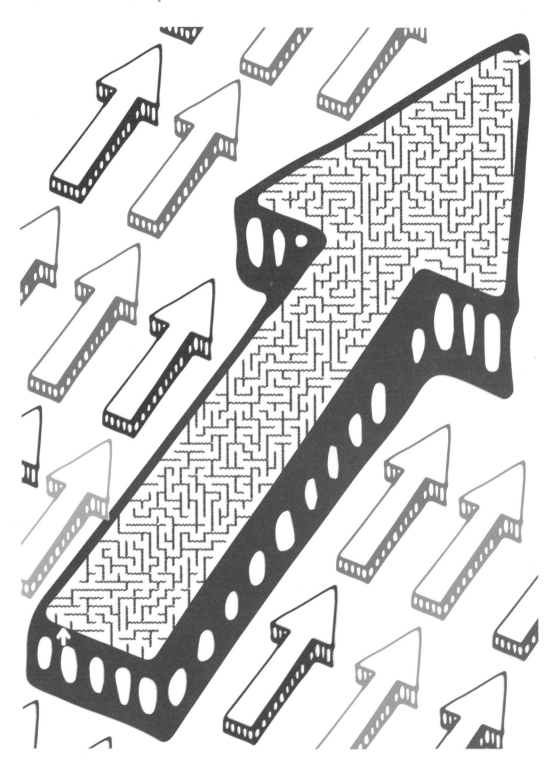

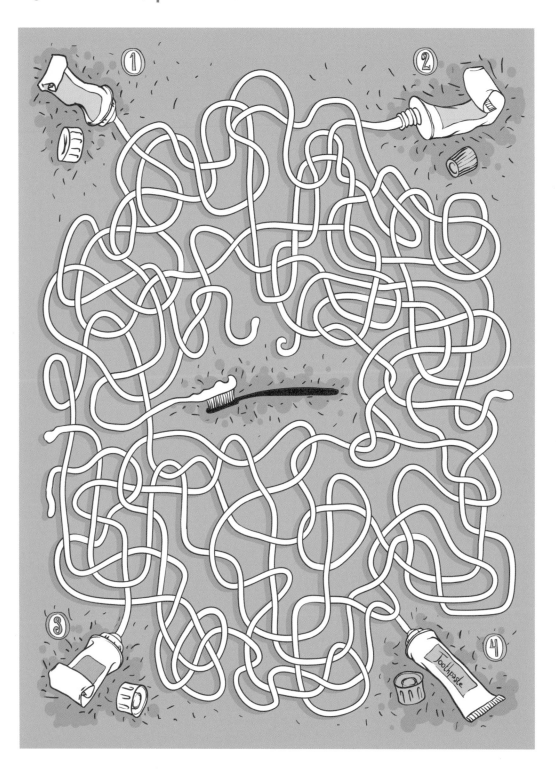

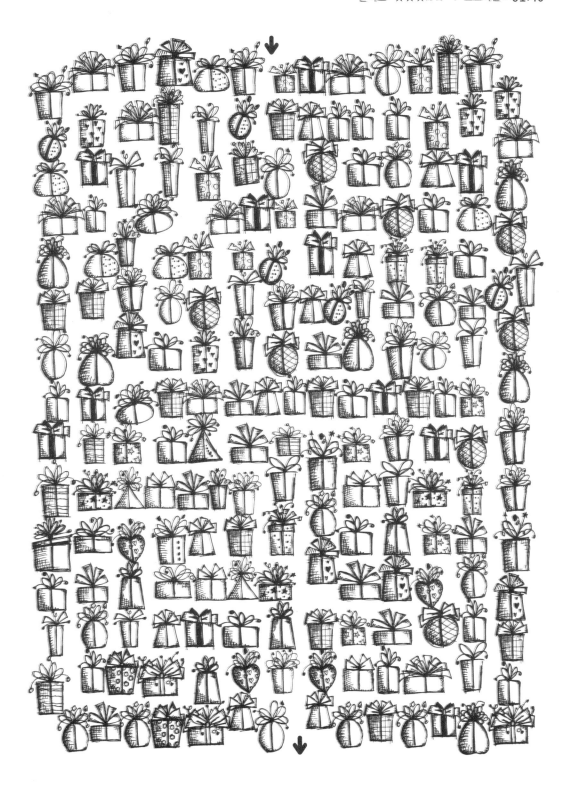

난이도 ★★★☆☆ ㅣ 소요시간 : 01:40

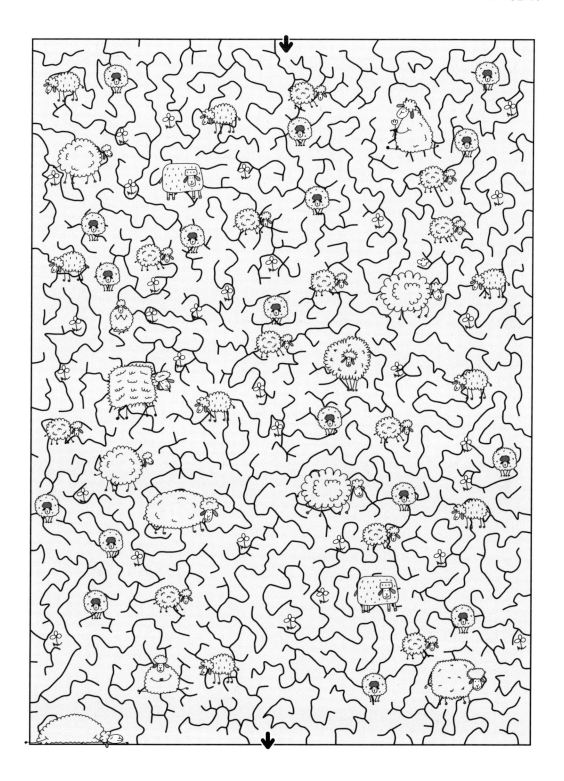

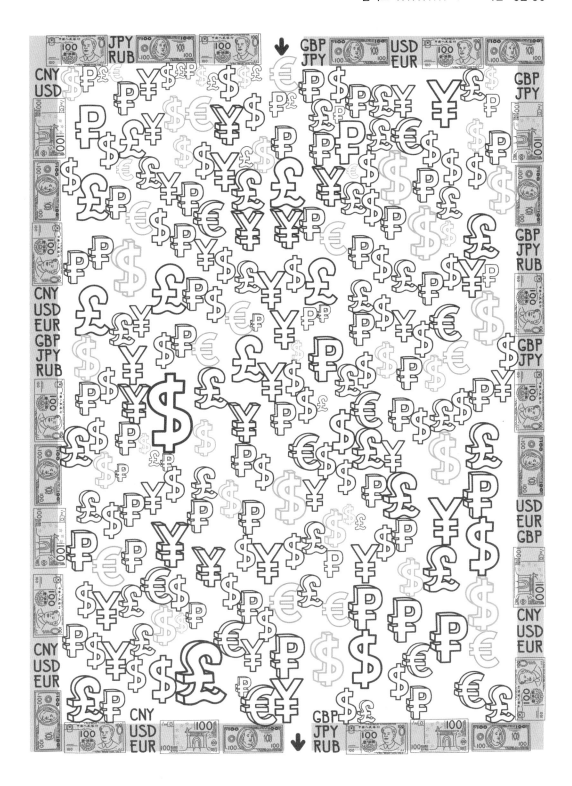

난이도 ★★★☆☆ | 소요시간 : 02:10

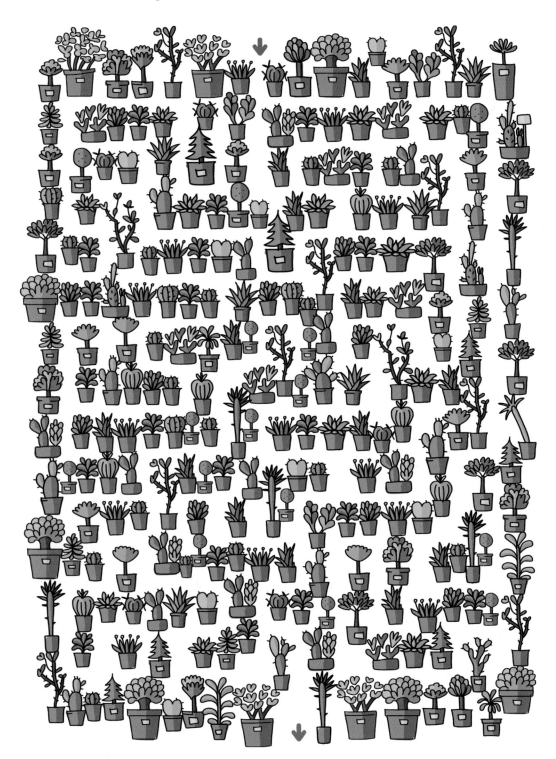

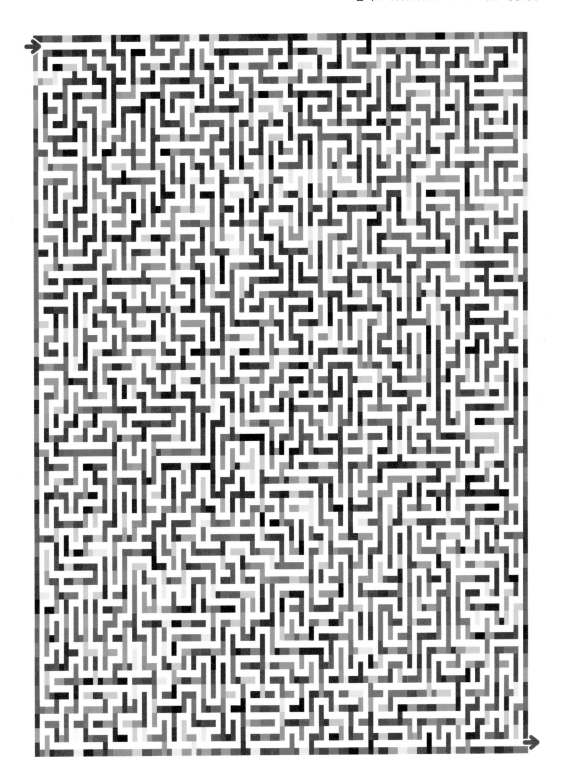

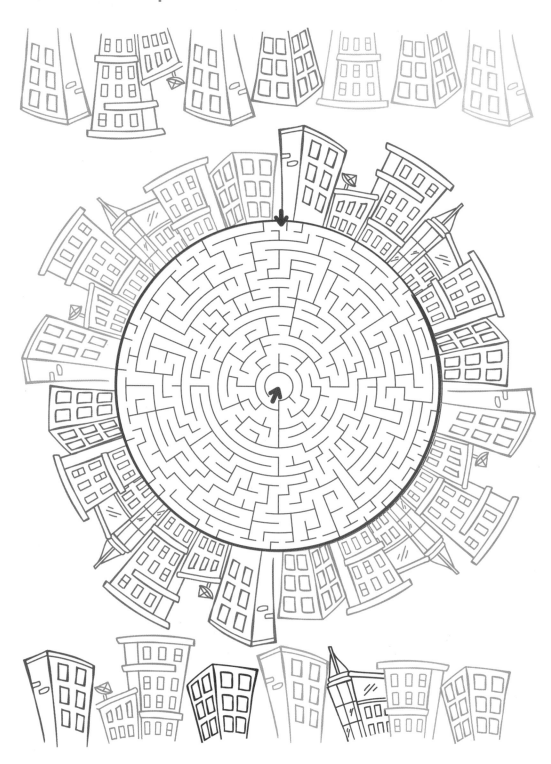

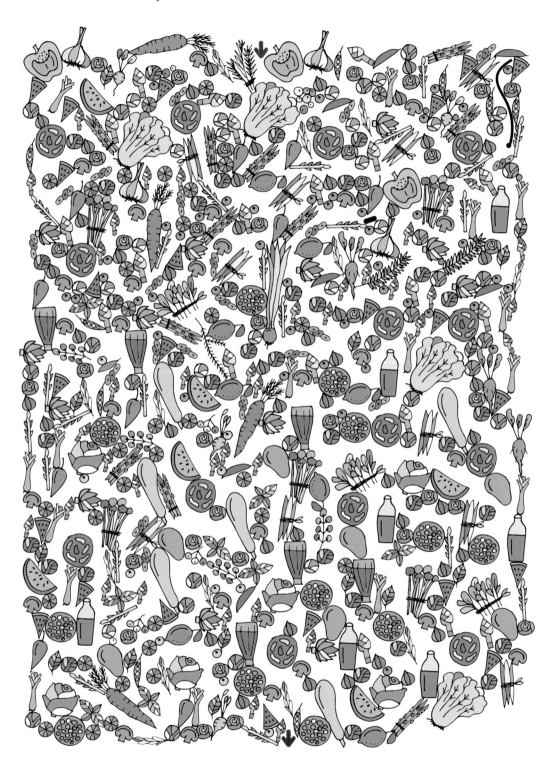

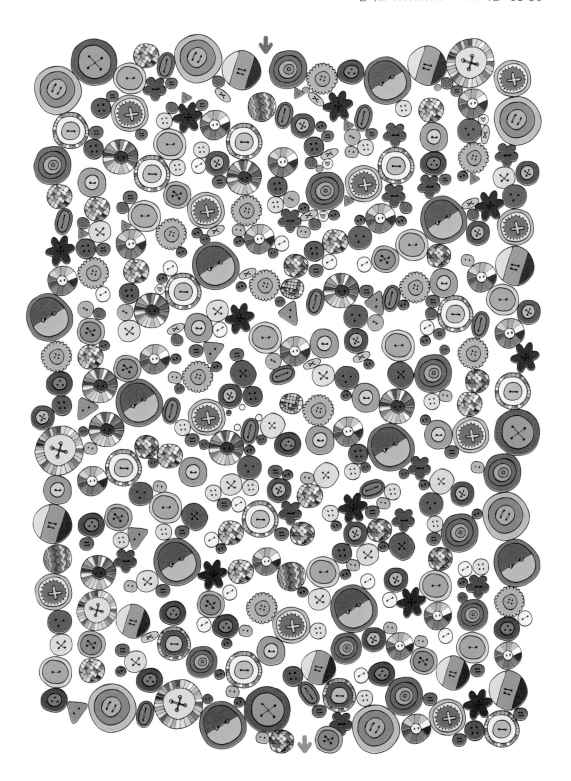

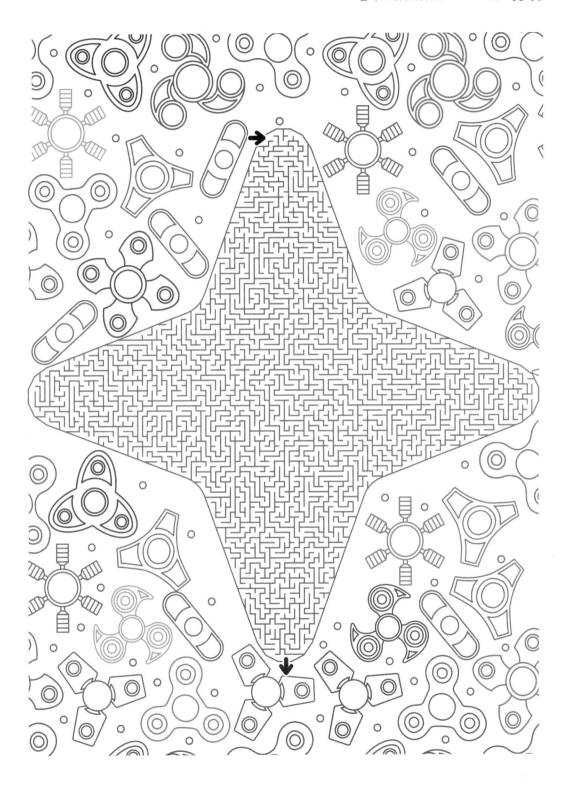

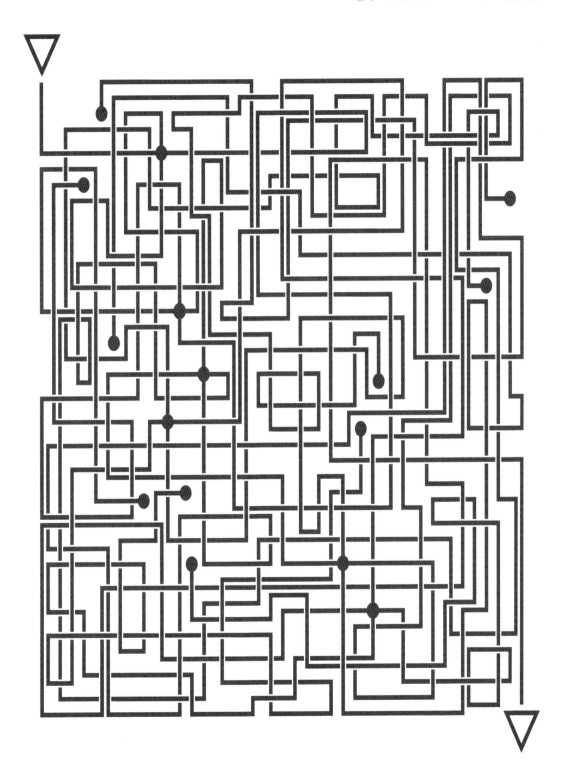

난이도 ★★★★★ | 소요시간 : 05:00

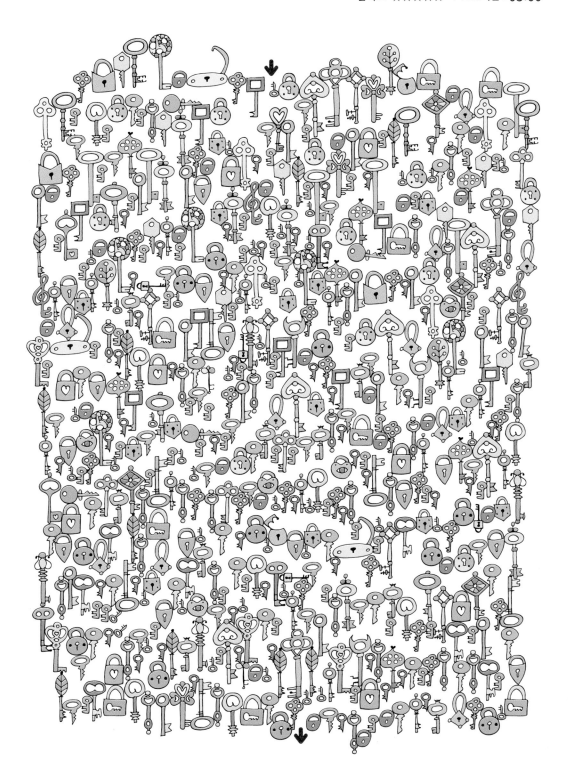

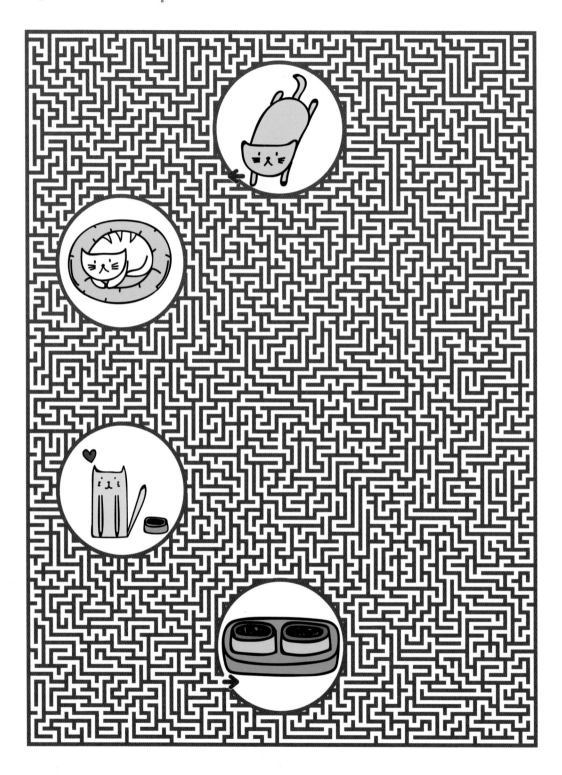

쉴수록 좋아지는 나의 뇌 2-1

미로를 탈출하라

해답

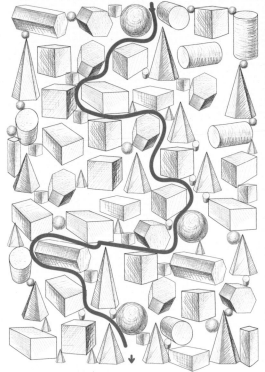

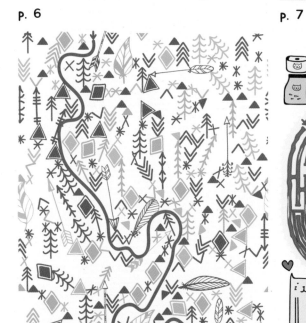

p. 8

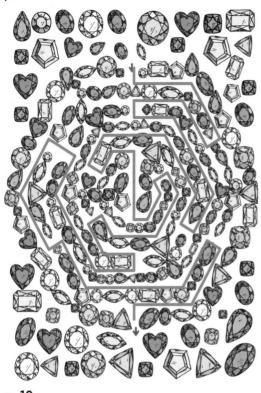

p. 9

p. 10

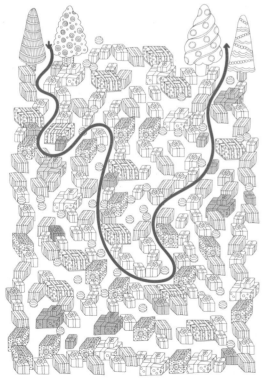

p. 11

p. 12

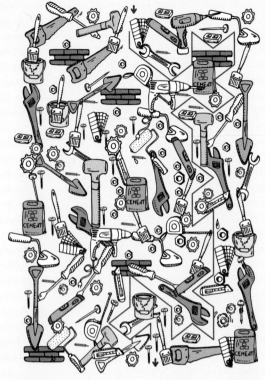

p. 13

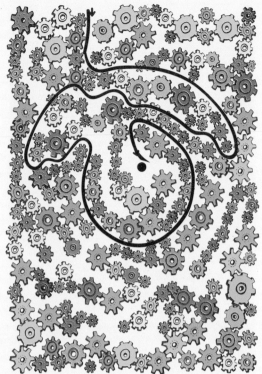

p. 14

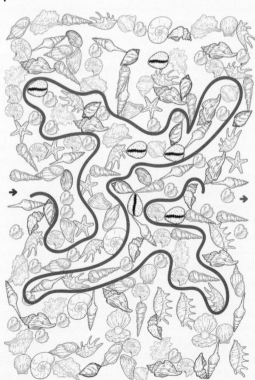

p. 15

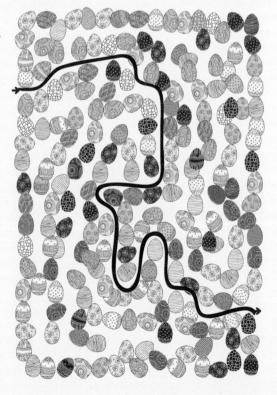

p. 16

p. 17

p. 18

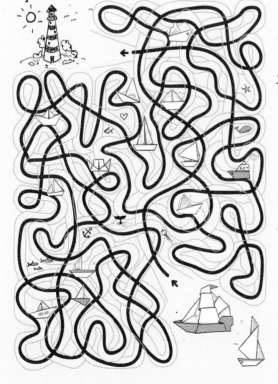

p. 19

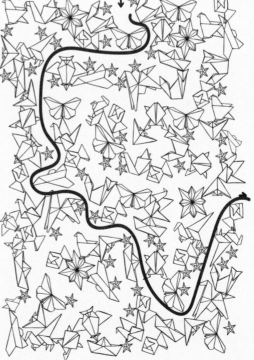

p. 20

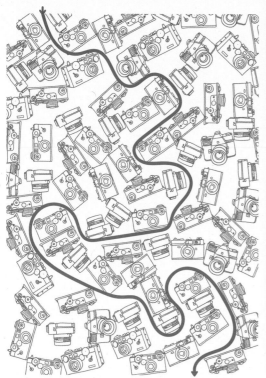

p. 21

p. 22

p. 23

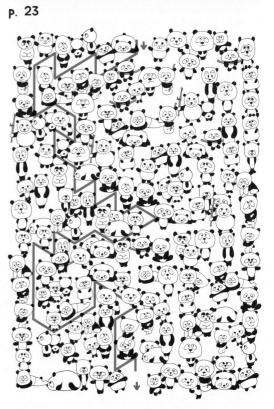

P. 24

P. 25

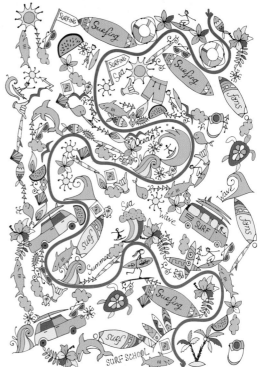

P. 26

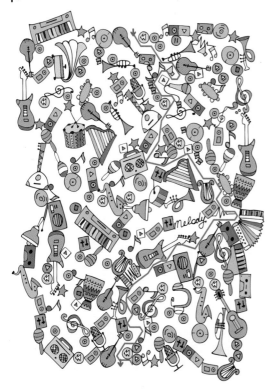

P. 27

p. 28

p. 29

p. 30

p. 31

p. 32

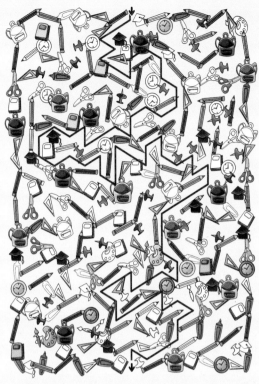

p. 33

p. 34

p. 35

p. 36

p. 37

p. 38

p. 39

p. 40

p. 41

p. 42

p. 43

p. 44

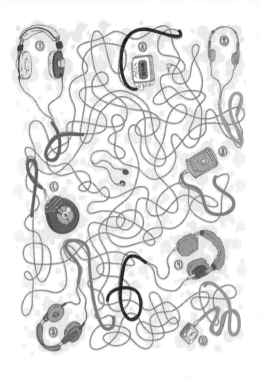

p. 45

p. 46

p. 47

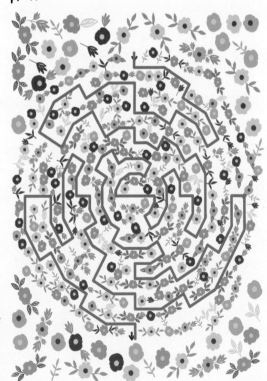

p. 48

p. 49

p. 50

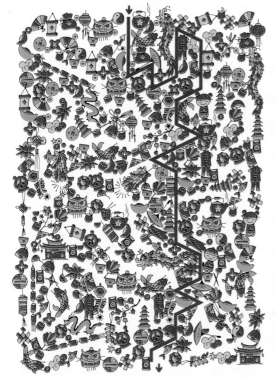

p. 51

p. 52

p. 53

p. 54

p. 55

p. 56

p. 57

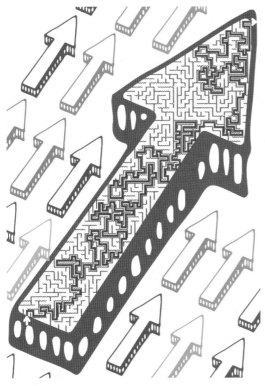

p. 58

p. 59

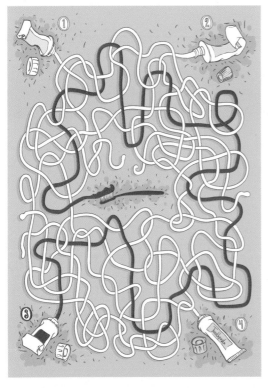

p. 60

p. 61

p. 62

p. 63

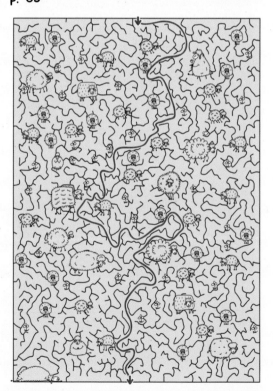

p. 64

p. 65

p. 66

p. 67

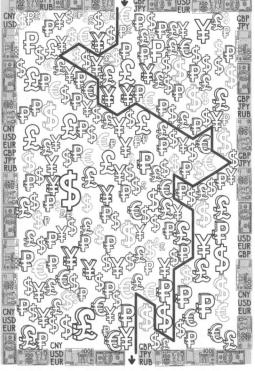

p. 68

p. 69

p. 70

p. 71

p. 72

p. 73

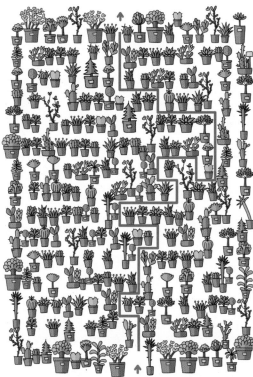

p. 74

p. 75

p. 76

p. 77

p. 78

p. 79

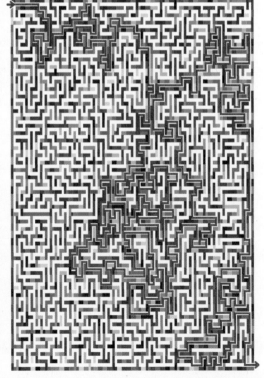

p. 80

p. 81

p. 82

p. 83

p. 88

p. 89

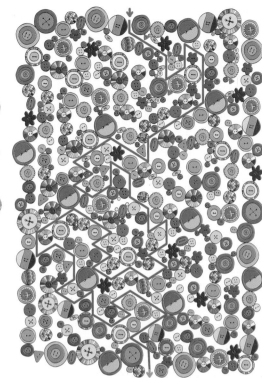

p. 90

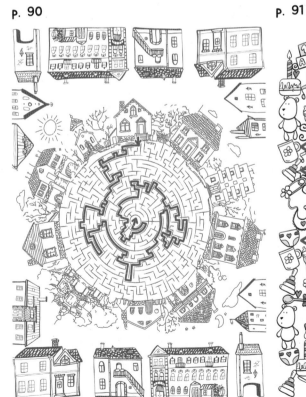

p. 91

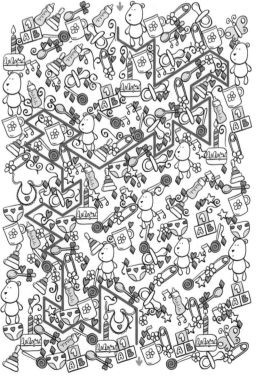

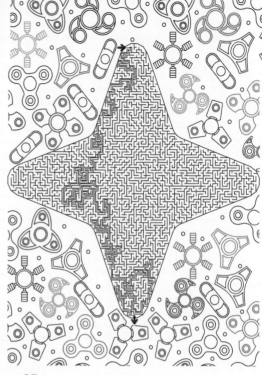

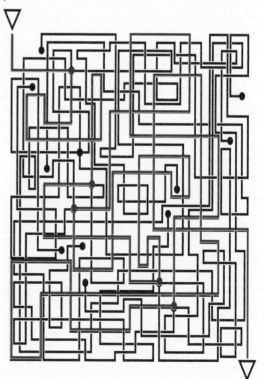

P. 96

P. 97

P. 98

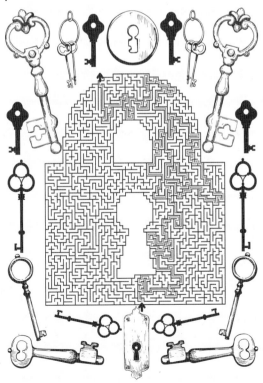

P. 99

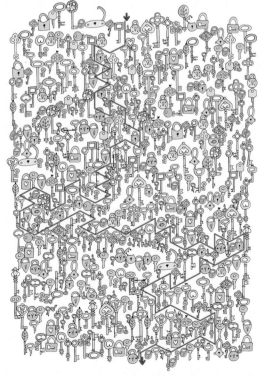

P. 100

P. 101

P. 102

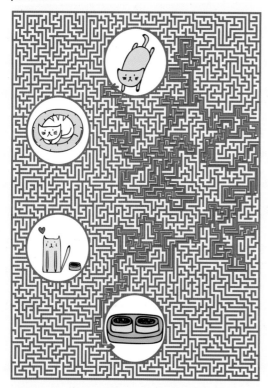

쉴수록 좋아지는 나의 뇌 2-1

미로를 탈출하라

디지털 세상으로부터 뇌를 탈출시켜드립니다